Cuba

Cuba es más que esa mezcla extraña
que hoy camina por las calles coloniales de un país
que surge a golpe de puro tambor y percutidas cuerdas,
hechas de ese ébano maduro que en la noche solo anda.
Solo, con su alma blanca a cuesta
y su danza, nunca suelta,
ni cuando el frío cruje
y hace temblar hasta el Ron
que a puro Son
corre por la garganta y canta.
Que danza, mi cimarrón, la que he visto,
pa´mi que se termine to, danzo, luego éxito.

Momentos

Busca, el mar, desesperado el momento,
que ajeno se fue.
Torturado por sus ojos, marchó,
sin dejar rastro alguno,
sin decir a penas, que fue de ese vaivén despierto
que a la noche engalanaba y, junto al viento,
vestían de turquesa el agua,
aun cuando estuvo muerto.

Anudado a las sales, brotaba el aliento,
del que sumergido queda, en tal abrumado encierro,
que palpa de apoco las lágrimas de ese mar violento,
que pierde su rumbo,
y escondido decide tomar de guía, a ese que viene de bien adentro,
de esa que se desprende de su esencia y manda
sus aguas calmas,
sus dulces aguas, a encontrar despierto,
a esa mar, que todavía busca, en sus frescas olas,
su propio momento,
ese que decidió dejarlo, quién sabe el por qué,
quién sabe el por qué;
y ¿donde se está perdiendo?

Hay que encontrarlo, tal vez tranquilo,
quizá sintiendo, que hizo mal al dejarlo solo
con todo lo que se amaron, con todo lo que el sentimiento
del uno al otro supo, tenerlos,
juntos, tomados del brazo fiel que al nacer se vieron,
cargando en sus espaldas mojadas el palpitar de sus corazones secos,
que de caricias bañaron en aquel ruidoso encuentro,
donde el silencio solo, maltrataba sus voces
y desde el destierro,
gritaba a lo lejos: … por favor vuelve,
que mis aguas se enturbian sin tus deseos,
por favor, ya crujen de sed mis hueso,
y mi piel se rompe sin ti,
Momento, tiende tu mano invisible y lanza en este pecho,
también de fina arena, también con sol y sales dentro,
con sangre del que cultiva su sangre en su propio techo,
ese que atravesó mi cuerpo en barcas de madera y heno,

dejando en mi rostro un surco de nostalgia y desconsuelo.

Tuve que calmar mi ira, tuve que llorar por dentro,
y desbordar mis cavernas y sacudir mis intentos,
porque gemir escuchaba siempre,
no solo uno,
eran cientos,
que sus cabezas bañaba, y mirando al cielo, pedían que los trajeran,
aunque fueran muertos,
porque su sangre era sangre de esos terrenos tiernos,
que brotan de sus entrañas, y a ellas tenía, que devolverlos,
porque su alma no era parte de ese insolado cuerpo,
sino de la tierra, que los dioses, prestaron por un momento,
ese que ahora se abraza y no quieres tal vez traerlos.

No pasó mucho tiempo,
desde que a lo lejos gritaban y cerca se hacía silencio.

Como sonidos salidos de un parche de tambor despierto,
emergía desde el fondo, todos nuestros ancestros,
 negros,
que buscan el encuentro de los que sus cabezas mojaban y pedían al cielo,
que aunque sea,
volvieran muertos;
y regresan vivos, y eternos,
cargando en su propias manos,
todo lo que hoy somos y creemos,
porque prestaron sus sabios y valederos momentos,
pero,
como digo,
prestaron; ellos traen en sus recuerdos,
esa infinita historia, que ya se llevan, que forjó nuestra casa y los cimientos
de todo un pueblo,
pueblo nieto,
de abuelo que va tranquilo a su casa,
a sepultar en su tierra, su cuerpo,
y devolver, a sus dioses, esa armadura guerrera que le llaman alma,
o tal vez creencia, la que nunca perdieron.

Bembón

Negro que con su bemba repica
el sazonar de un buen Son,
sabe que su sandunga viene bañada,
de puro tabaco y Ron,
ron de caña cortada
con mocha cubana, mulata,
que viste con el sudor,
del negro con bemba grande
que busca tranquilo en el surco,
la alegre guitarra que tiene
como cuerdas unas venas
y un tambor de corazón.

Así cualquiera es cubano,
porque te traen en las manos,
cayos de ser africano
con mezcla de pie de un español,
que contamina tus mejillas
y tu paso en el sol a sol
Triste, pues nunca anda.
Estar alegre, es su misiòn.
Sin esperar del mañana,
nada màs que el amor,
que como negro de bemba grande
sabe hacer, de su problema,
una distinta, pero muy sabia canciòn.

.

Rumba

No me diga que te ha puesto mal, lo que te dije ahora.
No me diga que te ha puesto mal, lo que te dije ahora.
Me has dicho cosas peores y no me ha pasao na.
Así que anda, anda, anda bailando a la rumba que te relaja.
Depue no diga que por mi culpa, tu està amargá

Y pa´ qué tu anda diciendo.
Por to los pasillos del solar.
Que si la toalla, que si la cosa, que si patatín, que patatàn.
Toma tu clave blanquito y déjame tranquila ya.
Cuando me encuentre un buen negro…

Echa pa ya, búcate lo que tu quiera,
como si te encuentra un señó.
De eso que se buscó tu prima
y la montó en una avión.

¿Pa´que a lo do o tre día
Vaya a pedir perdón?,
Sabrá Dios a donde vaya.
Ahí te voa ver yo;
Gastando eso ahorrito
que no se quien te lo dio

Ni te interesa, jabá, ni te interesa.
De mi problema, me encargo yo.
Eso si, a casa, no venga preñá.
No aproveche que soy blanquito,
blanquito, con ojo marrón, no azules, ni verde agua.
Y cuidaito si su piel, eh algo , ummm,
No eh que sea racista, ni ocho cuarto.
Pero el muerto no me lo como yo.

Coro:
Nunca, digas nunca.
Todo puede pasar
Es una rumba que zumba,
tiene tambore, hazlo sonar.
Y si tu abuelo te mira, y te tuerce un ojo;
cruza la cera y ven pa´ca.

Acá to el mundo se descontrola
Y nadie te dice na.

Si la jabá te ve, no dice na.
Si toñito el blanquito, te nota
no va a hacer, otra cosa, que decirte
acere, que bolá.
Y junto en la jodedera, pañuelo en mano, a rumbear

La rumba de María

Cruje, de un taburete la voz de una canción y suena a rumba.
Nace, entre cucharas y cajón el buen danzar.
Lalalea el buen cantor, y te invita
A que sueltes los zapatos y entres ya.

Mezcla de telares sacudidos.
Llega la negra, bien negra y agotá, del cañaveral
A retumbar con sus dos pasos
Basta pa bailar.

Ella no mira si el repertorio, si la sandalia, si ve pa´lla.
No, ¿que esa negra sandunguera, va a vasilá?
Si nunca tuvo zapato alto, ni vestio largo, ni a donde andar
Se conforma con lo que ecucha y rompe el suelo,
Y pide chíquini, va a zapatea.

 María- ¿Y esta negra quién e, mi chino, ahora te gusta quemar petroleo?
Jajajaja, a la veldad, que no hay mejor dicho que ese que dice, no escupa
pa`riva, que la escupìa te cae en la frente.

Lalalerolé lalalero láaaaaa.

La negra Tojosa

Tojooosa, mi niña buena,
No ande al sereno, te va a enfermá
Ahí, mi buela, concho, anda pa dentro
Ya yo soy grande, me se cuidá

Ya tengo un negro parejero, que me dice cosa
Y yo me hago la dislocà,
Le giño un ojo, le silbo a vece
Y mi nengrito, bien vestidito, moño al cuello
Me hace seña… que barbaridá

Camino, camino, como si conmigo no fuera
Me muevo como una salá
Llego y le pregunto
Que quiere ustè, señor parejero
¿No ve que soy menón? Que usté
 y se va a complican.

Mi tata, un negro grande, mi mama, no sabes naaaa!
Tengo, 1,2,3,4,5 hermano, negrote todos, de ahí pa´lla.
Yo tú, anda que anda, y no mire ma, a mi me gusta…jmmm.
pero, cuando sea grande, ahora tengo 19 namá
Si uted se ariega, y me roba un día,
por ahí no digo ná.
Me lleva a la casa rota, esa de la esquina,
que le cayó un trueno, y la rajó en do.

Tiene una puerta, ¿rosada … o lila?, me pregunto
al caso!!!
Una puerta buena, esta eh la llave
ustè entra primero, y luego yo.
Si mi hermanos se dan cuenta, por el fondo, hay un portón.
Tiene botellas rotas metías en el cemento,
alambre púa y aceite de tractor, mejoooor,
si rebala, no lo agarran, si se corta, llame a un doltor, la otra vez,
digo, era una vez, que alguien me contó,
no lo vi yo,
un chico vino, así mimitico como usted,
a la mima hora, pero sin yo,
y se enredo con too

y una semana y pico,
estuvo preso en el doltor.
Le cocieron hasta la boca, jajajjaa,
no se puede ni besar al señor.
Le salen hilitos por dentro,
hay que asco, ¿no?
verdad que la gente no tiene crúpulo,
besar a un tipo así, no tiene perdón;
no tiene perdón de Dio.

Señorita, ¿cómo se llamaba?
Tojosa, sisisi, mi señó
Usted se hace la tonta.
Pero de tonta, ni un pelo le quedó.
Yo conozco a sus hermanos,
de los cinco, por ahí a uno no.
Ese se mete con mi chica y le aseguro…
¿Casado usted?,
si mi amol, soy padre de familia, tengo 4, niñas
una murió ummm umm umm
no llore.
Se parecía a ti, tan linda.
Y se pervirtió, le gustaba andar en la calle,
con uno hoy, mañana con dos,
Y me quedo corto.
Pero, murió, que vergüenza en mi familia.
Creo que ahora ya se casó.
¿Con Dio?
No, muchacha bruta.
Con un tal Salomón, dicen, que le da y le da, y le da y le da…
Pare señor.
Si, le da cariño, cosa que nosotro, no.
Nunca le dijimo"te queremo"
Por eso salió como salío
Igualita a mi señora,
No me haga gesto, de cara no mà y de voz.
Por eso pa´mi està muerta.
Muerta y enterá.
Yo trabajo de sol a sol, no duermo,no como, no cag…
no me baño,
solo pa que en el rancho no falte de que comé.
Esa chiquilla se lanzaba, y traía má plata que yo.

No puede sen, yo soy el que ma puedo, no puede sen.
Yo no puedo sen superao en la casa
o yo soy el que mà hago, o me voy.
Que se vaya ella, me dijo mi señora, que se vaya ella, ya sabrà que hacer.
Mi niña, alegre, juntó su cosas,
en una bolsita de nailón, pegó un chiflío;
y dos tipos, altos, grandes, robustos, respondieron y en su brazos, se fue no má.
Pa´mi estas muerta, le grité a dos cuadra, por si al negrón le da por virar pa trá
, no te quiero mà en mi vida
A esta casa, no entra mà

Ah, y por eso uste, dice que me parezco a ella
Porque me ve en salsa con unos màs
Falta de respeto, sinvelgueza, depravado, salta cuna,
No soy una desquicia.
Con 19 años que tengo, hice mis cosa, y si quiere, pague
Y ya verà.

La fuga de Tojosa

- **Dolores** - A la veldá que eto de tar recogiendo granito a granito de toitico ete café, me da ma gana de fuirme. (LO DICE CON LAS MANOS SEMICERRADAS PUESTAS EN LA CINTURA, CON SU TORSO LIGERAMENTE INCLINADO HACIA ATRÁS, SU FRENTE SEÑIDA Y TERMINA CON SUS LABIOS ECHADOS HACIA DELANTE Y DICIENDO QUE SI CON LA CABEZA.

- **Tojosa** – Pero Dolore, CAMINA TOJOSA HACIA LA DIAGONAL IZQUIERDA, LA MIRA Y CONTINUA DICIENDO. ¿Tú tá segura?, mira que lo Mayorá non tienden, nengra que juye, CON SU MANO SIMULANDO UN CUCHILLO LO PASA POR SU CUELLO Y EMITE UN SONIDO "fuic" nengra que mata. Y QUEDA DICIENDO QUE SI CON LA CABEZA CON SU LABIO INFERIOR HACIA FUERA. SUS OJOS MUY GRANDES.

- **Dolores**- Jajajajajajaja, SE SONRÌE CAMINANDO HACIA ATRÁS, SE DA VUELTA Y DICE. Eso me dice tú pá meterme mieo, LA SEÑALA Y CONTINUA DICIENDO. Lo que si sé que la venden, pero quien sabe si voy a dal a un lugal emodmosísimo, con un señorito que me quiere dal la libeltà. CAMINA MUY COQUETA MOVIENDO LAS CADERAS. SE DETIENE.

- **Tojosa**- No crea (MUEVE SU DEDO MIENTRAS HABLA) y no que me lo jan dicho… (SE APUNTA A SUS OJOS). Yo vi, con eto mimético sojo que se va a comé la tierra, como tiraba al río el Mayorá, a la nengrita Candelaria; (LEVANTA SUS MANOS Y DICE) é mejó ni decid ma nà, pá no atrae la degracia. Aché pa´ ti nengra; aché pa´ ti. HACE SACUDIR SU DEDO EN SEÑAL DE DESPOJO.

- **Dolores**-(LA LLAMA CON SU MANO IZQUIERDA) ¿Y si hacemo una cosa? (SE COLOCA UNOS DE SUS DEDOS PERPENDICULAR A SUS LABIOS, SEÑA DE PENSATIVA) Acà cerquitica hay uno nengros haitianos, que hacen lo mimético que nojotro, por ahí podemo inconderno con ello, al final, de noche, to lo gato son nengro.

¿Madera o Leña?

Entre maderas viví una vida,
y entre ellas, atravesé mares suplicando clemencia.
Como madera, llegué a otra tierra, hecha leña,
adornaron mis manos con puro hierro.
Tallaron zanjas en mi espalda,
y dieron rojo púrpura hasta que amanezca.

Como madera o leña,
salpicada por las aguas y tendida llegué a ser dueña,
solo del lamento negro que me acompaña,
del sufrir que deshace mis recuerdos,
de mi canto, ya mezclado con el blanco,
blanco que me llama negro,
negro, negro, negro y repite negro.
Suena a dos voces el llanto,
se cuaja en lágrimas los lamentos,
la mano gruje y deshace el hierro,
la sangre zumba y corta el silencio.

Locura

Hoy la noche se hace eterna esperando el suspiro de quien,
tal vez,
en mucho tiempo,
comience a escuchar y saber cómo pueden callar.

No será tan impaciente como tierna la brisa
que acariciará mi rostro
cuando a tu encuentro recurra.
No será orgulloso, al menos,
el galopar de mis andares,
cuando ya
cerca estemos,
pero te juro, Dios de la tierra,
que asì quiero llamarte,
que sentirás el abrumador rezumbe
que delatará mi cuerpo
cuando te vea,
pero no te asuste,
está todo como siempre.

Solo que el corazón quiere decir
A gritos
que mis labios se mueren por besarte.
Y que la sonrisa que deseo amar,
Inunda mis adentros, aunque no lo vea.
Pero estaré seguro que te estoy besando,
Porque soñé que lo hacía
Y pude sentir claramente que los ojos cerraba.

Tesoros

Con un tesoro en mis manos andaba
Sin saberlo.
Con unas manos andaba, y sin saberlo,
en serio,
las dejé guardadas un tiempo.

Con un tiempo guardado anduve,
cansado y despierto;
y sin embargo, dormido permanecía
suelto.

Suelto, ¿suelto digo?, no,
Suelto jamás anduve.
Si, mis manos atadas a mi mente
Disimulaban cada minuto
y las hacìa esperar hasta el mínimo segundo.
Esperando quedaba.
Disimulaba, lo juro.
Mi mente disimulaba y a gritos,
Atadas, a gritos sangraban.
Lloraban, sus lágrimas mezcladas
corrían a decirles a todos que no llegaría.
Que juntaran agua y pan para el desastre.
Que cernieran las agujas dañadas, y de las buenas
hicieran el por què de la existencia que las silenciosa viene
caminando desnuda;
seduciendo a cada motivo y razòn que cruce.

No es el fin, porque aunque atadas estemos
Con las dos juntas, uniéndolas en cóncava figura,
daremos forma a un inmenso corazón.
Y nunca olvides, lo poderosa que pueden ser dos
y simples manos, tiendela, vuelve a ser quiere eres,
un común ser humano.

Mestiza Historia

Una noche, de aquellas noches,
de las que solía tener, con luna llena a mi espalda,
y algo siempre para hacer.
El mar me rozaba el cuerpo, golpeando de tres en tres.
Tres pasos hacia delante, tres para retroceder.
Mi pelo volaba al viento, como el de todos a la vez.
Todos con caras pintadas,
collares de caracoles en el cuello y en los pies.
Girando y girando juntos, hombro a hombro, piel con piel;
al compás de una hoguera que iluminaba nuestro ser.

Soplo mi guamo y entre las olas hecho mis remos
y mi canoa, a navegar.
Por ese mar que me da la vida,
y hace de ella, la libertad.
Hay, la libertad, esa que anda sin descansar,
que te domina, de buena forma, y te convida
a caminar.

Hecho mi guamo, sobre mis labios,
y besado suave, hace el cantar
de la brisa leve que baña el suspiro de un día,
que ahora, de nuevo se va.

Desde la playa, de fina arena,
se ve a lo lejos otro danzar
El que busca abrigo, en los sonidos,
del tronco hueco, Mayohuacán.
Tambor desnudo, sin cuero alguno,
hecho del corazón, del Ácana.

Y en mi batey, seré Behique
y cuatro largos meses voy a ayunar,
solo zumo, de macerada hierba, podré tomar,
y preguntarán, las sabias cosas que sabré decir,
que han de venir del más allá.

Y esperando ese día, quedé.
Nada pudo suceder después.
Ya ni en canoa, pescaba,

solo el grito escucha y de a poco, mi gente,
de cara pintada, no volví a ver.

Como de piedra vestían,
dura armadura y furiosa lanza con fuego,
de color oscuro, y zumbido fuerte,
que en la noche alumbraba y traía la muerte.

Ya vestido de rojo, escapaba el silencio,
y el alma atrapada, gritaba a lo lejos,
¿que más quieres de mi, ser ambicioso?,
que de mi cuerpo me destierras y en su tierra ahora lo echas,
no es semilla que se plata ni árbol que te dará frutos,
no cubras de oscuridad, a quien crear su propia luz pudo.
Hombre blanco, ¿que le has hecho, que pudo decirte esos labios,
que tocar, solo osaba, al guamo en la madrugada,
cuando a la pesca llamaba?

Que triste, por encima del batey,
vestidas de blanco, nos vemos,
y nos arrancamos el rostro, por el color que llevamos,
yo quiero ser más oscura,
al menos gris, como mi llanto,
que se rompe contra el viento,
el que acaricia al mar, sangrado,
que se lleva entre sus dedos, la arena en grano,
que tanto busca el hombre blanco.

Solo por esos caminos, anduvo, la brisa.
Cansada de vagar por esos mismo lugares,
dejando atrás muchas noches y días.
Luna que le llora a la vida,
le pide el por qué de su partida.
Luces que se esconden entre las horas triste de la madrugada, cuando aún el
sol su salida abraza.

Y no muy tarde,
otros rostros cayados asoman en barcas,
ya los lamentos se escapan,
no quieres ser testigos de otra historia que se apaga,
callada, sin voces que delaten esa raza blanca,
que odia a quien no lleve su mismo color y palabra.
Como salvajes gusanos, los tiran al agua,

sucios, le balbucean, y con grilletes, no más,
los lanzan.
Unos viven de milagro, otros, el mar los salva;
los cubre con su azul manta, y los devuelve a casa,
cuerpo, que sepultado queda, alma pura que descasa.

Hermano negro, mi tierra te brindo,
haz de ella tu nueva casa,
dale fe a tus hijo, que un día de esos, tu raza,
honrará la mía, y en una sabrán conquistar el alba.
Ese alba que rompe la madrugada
que ve y recuerda la brisa cada vez que choca,
asustada,
sobre la arena que aún cubren
esas lacias cabelleras y pintadas caras.

Golpe a golpe, percute la tierra,
y de tres en tres, haz tu danza,
el mar te ayuda, él hace de olas,
los parches del tambor que tú alabas,
y sobre sus aguas salobres, viene la Santa,
si, dile Santa, así podrán venerarla,
azul como la tuya, esa madraza
que en su seno cubre a todos y amamanta,
hombro a hombro, piel con piel como mis ansias,
ella sabrá llevarte, sigue sus pasos,
 navega en su alma.

Guitarra y Tambor

Hagan suyos estos caminos que están hecho
con algo más que sudor y piedra:
hay ritmo, melodía, rezo, canto y toque;
hay susurro y guateque;
hay bolero y canción,
hay Danzón, Danzonete,
hay Yambú, Columbia y Guaguancó.
Si, Guaguancó de Tiempo de España,
coro de Clave y Bongó,
hay de ese negro que tumba el taburete
y hace de caja, su Son,
que tiene de haitiano y Congo, de Congo y Carabalí,
tiene en la sangre tres tambores Batà,
que da vida al Yoruba (Lucumí).

Lucumí que un torbellino mezcló
con esta guitarra ramera,
que se da a las mano de un don juan y de otro,
que da sus filosas cuerdas
a cualquiera,
que haga vibrar su sonora caja de fina madera.

Ya casi sin brazo se desespera
y sus notas se escapan para no volver;
ella sabe, que en toda escuela,
nace un delirio, nace el saber.
Y dice después:
carga si quieres mi cuerpo en tu mochila,
has de él un tambor,
quiero que suene al ritmos que tú quieras,
que quiera él, y que pueda yo
... jajajaja... ¿que pueda yo?
 yo te aseguro mi niño,
que esta esbelta figura,
que vino en barco buscando el tambor,
no hay melodía que no haga,
no hay persona que no aprenda a sentir el sabor.

Yo soy la hija mulata de seis cuerdas,
que nació en el puro solar de la Habana,
de Matanza, de Santiago, o que se yo,
soy cubana.
Despelote, si me ofende,
fina si me hago la educà,
dura como el jiquí del monte
y pura como el "ven pa´ca".

Cutú patà, cutú patá.
Gracias por presentarme, mi hermana.
(ENTRA CRUJIENDO EL CUERO CON EL TRONCO Y SUS AMARRAS,
CON MALA CARA).
Yo hago que baile en punta
hasta la que anda en pata,
no te asombre, que lo vi,
con barra y to a un costado,
tratando de hacé un Tondiu
y le salía bolao.

Acà està esto pa´aprender.
Pura sandunga cubana,
no espere mucho que se corta,
lo otro, lo haces mañana.

Bueno tambor, no te enoje,
báilate una contradanza,
dile que eres el macho que habla ronco y toca el alma.
Yo, te quiero, mi negro y contigo, hasta mi casa te llevo,
hay pa´to, son muchos los que nos esperan.
La tuya, la mía, al fin madera, tus llaves, mis cuerdas...
ya, muchacho, vamo que el sol a puro Son, me quiebra. Uffff.

Bailaora

Vestida de túnica y peineta anda la bailarina,
cansada de andar descalza por sus solares,
posase un instante pensativa
y dice a viva vos:
 traedme mis zapatos hombre,
que mi sueño queda trunco y se envenena,
... deja que mis brazos cuenten tus historias
y mis manos suaves digan quien sois.

Niega,
niega que son estos brazos lamentos de tus desgracias,
latido de tus tristeza, traedme mis zapatos hombre,
prestadme tu firme madera,
quiero hacer sonar las tablas como lo hacen,
en tu cuerpo mis yemas, la que te tocan desnudas,
y sienten esa fibra hecha,
de pura sangre gitana y de mujer que se enfrenta,
rompiendo con su carácter el traquetear, que así suena.

Escuchad, mis pies se quiebran,
juro que tus sonidos, con ellos no se silencian,
danzarán sin descanso, gritarán en tu ausencia,
por favor, dame tu eco; y tu aire, tu sol y tu luna, tus estrellas,
yo te traeré encima, no te escondas, seré tu dueña,
quiero que al menos en mis pasos,
tu palabra cuaje y se haga, fuerza.
Juntos podemos lograrlo, mi guía, tú, yo tu descendencia
que primero fue árbol,
luego lo que eres hoy,
el compás que me lleva a cuesta.

Viento

Y entre rumores tardìos anda el viento sin destino.
Cruza el dìa mientras piensa
qué harà de noche con sus bríos.
Esos que de madrugada guarda
cuando ve triste, y con frìo,
al anciano, que sin sueños y solo, reflexiona:
 ¿por qué ya no me ven mis hijos?
A los que con tiernas caritas, navegan las turbias aguas
de las ciudades inundadas de vicios,
que primero fueron de esa inhumana bordan,
que les convida, los arrastra y tiene filo.
Filo que por fuera no tiene marca en sus inicios,
pero por dentro corroe y destroza lo que encuentre vivo.

Y vagando anda el viento y a su paso encuentra libre
generaciones perdidas que bracean sin sentido,
sin dirección en sus velas, sin madera para remos,
sin motivos para buscar, en sus corazón bien adentro.
La razón de vivir una vida, de darle un vuelco,
cosa que hoy no está haciendo.

Desesperación

Y cuando la mochila pesa demasiado, la desesperación te da motivos para
lanzarla al vacío.
Cuando los que te rodea, se hace oídos sordos a tu paso, la desesperación te
da motivos para lanzar todo al vació.
¿Será posible que entre tantas rosas, ahora solo veo espinas, que hincan mis
lastimados motivos?
La vida es dura, o se entiende o se pierde, entre tantas que vagan por los
lugares que ni se sospecha, de todos modos, termina, y otra nueva puede
llegar a comenzar, una cosa detrás de otra, es lo que seguramente viene,
déjate llevar, las maravillas buenas, a veces llegan cuando ya no estás.

Te conocí apenas, apenas cuando ya casi te ibas,
bañado de esa ternura infinita que Dios vio en ti desde lo lejos
y quiso que de repente partieras.
Te conocí apenas cuando en tus ojos,
el brillo furioso por el arte te delataba
y supe de a lleno que eras uno de los que buscan dar luz porque le sobra.
No te conocí, como hubiera querido,
sè que hubieras sido el amigo
que mi inconsciente busca desde siempre.
Pero creo en los otros mundos,
donde el bueno parte pronto,
porque allá hacen falta;
donde los amaneceres necesitan artistas para dibujar las mañanas
que desde esta tierra vemos sin saber quiénes son sus creadores.
Seguramente desde allá, junto lo que se han ido,
suelen jugar a pintar los recuerdos,
y me desespero saber, que al menos, hables, con todos,
lo lindo que iba a ser lo que planeabas,
 eso donde la música experimental desnudaba los senderos del aburrimiento,
y daba nostalgia al comerciante cuando,
entre sus venas mapuches, quechuas, africanas, que se yo,
iba a estar cantando en un mismo idioma y bajo el mismo signo.
Marcos, es tu nombre, y tatuado en mi mente queda.
Señal que vivirá por siempre en mis sentidos,
tratando de no recordar tu sonrisa, porque a la verdad,
que nosotros, los que aún vivimos acá, somos egoístas,
 y no entendemos, a veces de estas cosas
y me hace sentir dolor saber que ya no estás entre nosotros.
 Hasta la vista Marquito,

ya en algún momento nos volveremos a encontrar
 para hablar de la danza, de la música, de tus pinturas.
Un beso grande y sé que donde estés, estás bien.
Y si supiera a donde miras ahora,
muchos, estaríamos buscando ese horizonte.
Tal vez, o seguramente sabemos,
porque eres de los que mira siempre adelante,
con la frente en alto y la conciencia tranquila
de que te fuiste por ese y a ese camino
porque era el correcto.
Es un mar tu mirada,
con sus aguas verde azules que bañan de sabiduría
su decir y acaricia todo lo que llegues a su alcance.
Nostálgica vaga entre la luz y delata tu niño tranquilo y despierto
que aùn conservas donde estès,
porque es tu esencia, y esa, nunca se pierde,
 ni aùn al partir.
Sé que no te has ido,
siento tus caminos andados galopando en silencio esos ríos,
caudalosos ríos que dan de beber a los que te extrañan.
Sé que no te has ido porque la tempestad aún no llega a casa,
donde sentado espero que me digan que no te has ido.
¿No es la amistad acaso,
una fuerte ladera que sostiene los cimientos de las cimas?
¿No es esta la arboleda que crece a lo lejos donde tus ojos descansan?
¿No son tus manos
ese torbellino que pinta los arcoíris
que se escapan diciendo con sus tonos tus palabras?
Dilo tú mismo, y si no eres, también dilo,
porque pensé que había encontrado a un amigo,
y los amigos no se dejan, se acompañan, y si es así,
dime dónde estás, que voy contigo.

A mi Madre

Desnudo, cohibido y acompañado, solo,
por la mirada de tus ansiosas sábanas
acaricié mi cuerpo e imaginé
que entres mis silenciosos dedos
se escurría tu cabellera blanca
junto al suspiro frágil, de aquel hombre, que lejos,
acompañado cada noche
con el sonido inerte de tu imagen.
Seca sus lágrimas con un pañuelo de rocas
Y lo quema en su hoguera del recuerdo.

Triste pudiera ser el alma,

pero el cuerpo corre y se anima a más.
sigue las huellas de un viento desesperado
que mostró su cara en el camino
y se escabulló entre el río enorme de la Plata;
pretendiendo que siga su curso sin sentir
que sus aguas son frías y turbias,
y que trate de enmudecer
para que no se sepa que conozco
las que son limpias y cálidas, pero presas.

Quisiera, por lo menos, ver que enloqueces
Por saber que siguen verdes los bosques;
Y que las aves de donde tanto viví, cantan;
que las miradas tiernas ya no son como antes,
Pero que esos ojos siguen mirando.
Que mi cabellera se tiñe de blanco
por el nevar de los años
donde existen temporadas que han hecho de mi corazón
un desierto:
sol radiante por el día y en las furiosas noches
hielos que cortan el sueño,
que aun acompañan al sonido inerte de tu imagen,
cubierta de cenizas que ni la distancia logra esparcir por su suelo,
y si lo hiciera,
cada parte de ella te podrá decir,
lo tanto que creo en ti, mi santa.

Apariencia
Rocas que paso a paso se besan
y hacen que del sonido grave de sus lavios
salga el eco eterno de las voces,
que hoy se callan
cuando lluvias de fuego
sobre sus verdes capa
y ruedan por las laderas que en ellas guardan.

Sonrie a veces, otras, casi, siempre, lloran.
Se quejan porque lejos siempre
está del silencio oculto que tanto busca la gente;
que trilla su alma, y al final, trillada queda.

Trillada queda, y al final, no importa.
Eso se piensa, o se dice;
pero el aire será más dulce,
cuando viento sea
y acaricie las voces,
que callan y les de sonidos
a las rocas que quieren hablar.

El pan nuestro de cada día

De migas de pan está hecho el sol de los muertos,
está ahí, pero luz no da.
Pero luz no da si los muertos siguen muertos,
y si el pan en migas se convierte.

Dividir, es una forma de debilitar,
pero si pan divides, sin que migas se torne,
sería la forma de hacer que al mundo,
a partes iguales, el pan nuestro de cada día, llegue.

Mi primavera

Caen tristes las hojas.
Los arbustos adelgazan,
pero esperanzados cubren sus retoños
con el más cálido y embromado anhelo
que en unos poco de traslados de nubes;
ya el perfume colmará su risa
e iluminará la nueva vida
de los que hoy, son sus hijos;
y mañana podrá ser una de las verdes ramas
que servirán de sombra,
cuando, en un paso de nubes más

En tu día mamá

Y cuando la sonrisa aflora
y el sentimiento se ve plasmado
en la imagen de un llanto hermoso,
nace también tu voluntad, madre,
de crecer junto a tu fruto
con todo el amor,
porque la vida va mas allá de de tu propia vida,
ahora es la de ese corazoncito
que late a galope en tus entrañas
y cabalgar al pelo sin montura
tal como lo trajiste en tu seno;
y pudo ver, por primera vez tu gentil rostro.

Señor refrán

Son los ojos el refrán que lleva a cuesta
el sol en sus nocturnos días.
esos que empeñan sus miradas al caer la noche,
aún cuando la luna se engalana tras una nube callada.

Silenciosos a veces, anda, por el filoso camino del
desentendimiento.
El refrán, lento y de pocas palabras, pero de sabiduría infinita.
No por tanto madrugar, amanece más temprano.
Dios aprieta, pero no ahorca. Candela al jarro, hasta que suelte el
fondo.
Son los ojos el refrán que llevamos siempre a cuesta.
Solo basta ver, para poder lograr, yo diría:
solo falta visualizar para que se cumpla.

Ve y despierta tus andares,
haz de tus caminos empedrados,
ríos caudalosos que den vida de solo mirarlos,
que den luz, cuando tu propia imagen se refleje en sus ondas.

Corre, dile que mañana es tarde,
que hoy es la sombra, ya, de sus ayeres,
porque el sol, tan loco,
volvió olvidadizo a buscarte, y cargarte,
en sus propia espalda, y darte un simple nombre,
el refrán.

La desgracia

La noche oscura temblaba,
la calle desprendía alaridos.
El miedo de ser otra vez
bañada por la desgracia.

La noche oscura temblaba,
la calle tapas sus ojos, aprieta con sus mano la cabeza,
siente que sobre ella corre.
Ya es tarde, ya el silencio habla por si solo.

Oscura ahora está la calle,
y no tiembla, llora.
Miedo, ahora tiene la noche,
le tocó, por la desgracia
ser dañada y no sabe que hacer;
y la entiendo, se pierde siempre,
pero cada una es diferente;
cada una te deja sin saber que hacer.

Solo queda esperar, que la noche, nuevamente,
tenga miedo, que la calle sea oscura
y que no sea yo quien cuente
y quien llore, otra vez.

Escribir

Calentando el rostro, los pies fríos,
y la cabeza que no da más,
busca auxilio en las frases,
que algún día alguien podrá leer;
por último, la boca que se abre y cierra constantemente,
aún no agonizan, trata de tomar el aire
que la nariz no puede.

Es lo que ahora hago, ah y escribo, por supuesto.
Escribo, escribo y en algún momento alguien podrá leer
las cosas que me llegan cuando solo me encuentro.

Cielo a pies descalzos

Por la tierra de los años
anda un cielo despojado a pies descalzos.
Cruza calles y andenes sucios, parques deforestados

Un niño de cadáver hambriento lo ve
y se sienta a su lado.
El de huesos andantes
lo abriga con sus diarios;
que en la portada anunciaban
a miles de turistas entrando
al país donde los sueños,
sueños fueron y quedaron.
Y quedaron, alguien los dejó atados.

Mirando el cielo a su costado,
otros andaban, ya sin diarios.
El viento se volvió furioso,
los pegó a su cuerpo, y se fue silbando.

Y quedaron, alguien los dejó atados,
 a los sueños de un país que va,
con calles y andenes sucios,
y parques deforestados.
Con vientos que furiosos se llevan
en su cuerpo los diarios
que abrigan a cadáveres hambrientos,
a un cielo despojado
que hoy anda y desanda,
por la tierra de los años.

Mi Habana.

Llena de calles teñidas de cubanía, anda la Habana;
vestida con sus collares, y pañuelos coloridos a su cintura,
con sus caderas que sazonan cada día,
a ese nostálgico gemir de los solares.
Ay mi Habana!!!, eres esa sonrisa grabada en los portales
de mis casas coloniales y los sonidos de tambores,
que entre el eco y las voces de su gente,
hace palpitar a mis andares.
Son sus plazas de girasoles empedrados
que buscan en la mañana un destello,
ese que sale de los azules manantiales,
que brotan, como sangre, del mulato habanero.

A Neruda

A galope cabalga el guerrero,
y en su mano, lleva aún su espada,
llena de frases con fuego,
armadas de fieles palabras.

Y no sabe el guerrero del miedo,
cuando dice sutiles batallas,
esas que junto a un pueblo de letras,
han llenado al mundo de alas.
Blancas alas, que cruzan,
más allá de lo que puede un gigante,
que con pies pequeño, y corazón desnudo,
ha escrito los versos más grandes.

Y pudiera seguir escribiendo
de un maestro y eterno profeta,
que con manos como las nuestras
hizo eterna su vida en la tierra.

No cae la lluvia sobre el tejado de su años,
teme ella lastimar con su sonido la musa que descansa,
pero no duerme en el mundo del poeta.

Yace el sol en su morada
y deja que de apoco sus rayos emigren
por los colores de la sonrisa que,
tranquila y cansada,
deambula por las miradas
de todos los que sumergidos en el asombro,
acarician sus propias mejillas,
 con unas lágrimas distintas,
esas que caminan despacio sin rumbo,
tratando de pensar que se fue acompañado del cariño,
 y de ese pasado perfecto
 que construyó como pieza única de un museo
 que nunca tendrá uno igual.

Es un libro para salir de las realidades, asomarse a los pensamientos de otros que en su mayoría, siempre sirven de experiencia para quien los lee.

Muchos de esos escritos, hablan de dos etapas, un de mi llegada a la Argentina, que ya cumple 17 años y otros, han sido parte de espectáculos en distintas ocasiones al hablar de Cuba, mi hermosa patria.

No posee índice, pues hace que sea un paseo sin guía, transiten y verán que no siempre las cosas deben poseer estructuras absolutas, imaginen una y sean dueños y dueñas de ellas.